AF279252

Antonio Bayón Díaz

APULEYO EDICIONES   FOMENTO DE VALORES   CUENTOS ILUSTRADOS

VALA Y CALA

APULEYO EDICIONES   FOMENTO DE VALORES   CUENTOS ILUSTRADOS

Dedicado mi Alhaja y mi Pegcaín. Para que cuando dejéis de ser pequeños, todos sigamos recordando aquellas historias que juntos, tumbados en la cama, nos inventábamos sobre Vala y Cala con las que os tronchabais de la risa; Y yo de veros a vosotros. Os quiero The universe.

Dedicado a mi Linda; te amo Jessi. Doy gracias a Dios por haberte conocido y por poder pasar cada uno de mis días a tu lado. Y como ya te dije un día: «Si no existieras, yo te inventaría; porque, sin duda alguna, o tú o ninguna».

Dedicado a mi Padre y mi Madre. Gracias por darme la vida, gracias por ser el mejor ejemplo que un hijo puede tener de amor y dedicación por los suyos. Siempre estáis ahí. Os quiero.

A todos vosotros, os dedico este libro.

En un establo situado en lo alto de una preciosa colina vivían dos vacas llamadas Vala y Cala.

Vala y Cala eran las mejores amigas del mundo entero y su pasatiempo favorito consistía en dar largos paseos mientras pastaban por los verdes prados, esperando que algo extraordinario ocurriese dentro de sus muy tranquilas vidas.

Aquella mañana, como todas las mañanas, Vala y Cala salieron a dar su paseo matutino: caminaron, hablaron y pastaron. Y, mientras Cala le contaba a Vala lo rico que estaban aquellos pastos, Vala se quedó boquiabierta.

—¡Oh, Dios mío! —gritó Vala—. ¡Cala! Pero... ¿Qué te ha pasado?

—¿A mí? —preguntó Cala con preocupación—. No sé. ¿Qué me ha pasado?

—¡Oh, Dios mío! —gritó de nuevo—. ¡Pero, Cala, ¿qué les ha pasado a tus manchas de vaca?!

—¿A mis manchas de vaca, dices?

En ese momento Cala echó la vista atrás y vio que la mitad de su cuerpo había perdido las manchas características de una vaca. ¡Tenía la mitad de su cuerpo blanco como la leche!

—¡Pero bueno! —exclamó Cala—. ¿Y esto? ¿Se puede saber por qué se han caído mis manchas?

—¡Oh, Dios mío, Cala! ¡Mira! —exclamó Vala, señalando el camino por el que habían venido—. ¡SE TE HAN IDO CAYENDO POR TODO EL CAMINO! —gritó Vala lentamente.

—¿Cómo dices?

Cala, incrédula, miró hacia atrás para ver que lo que decía Vala era cierto. Y efectivamente, allí estaban, en el suelo todas y cada una de sus manchas.

—¡Ay, Dios mío! —exclamó Cala—. ¿Pero qué tipo de vaca voy a ser sin la mitad de mis manchas? ¿Cómo se supone que las otras vacas me van a reconocer? —se preguntaba Cala en alto con preocupación.

—Cala, no te preocupes. Simplemente te faltan unas pocas manchas. Tienes morro de vaca, cola de vaca, patas de vaca… ¡Sólo te faltan unas pocas manchas! ¡Tampoco es para tanto! —dijo Vala, tratando de animar a su amiga—. ¿Paseamos un poco más? —propuso Vala.

—No —dijo Cala con pesadez—. Creo que es momento de volver al establo.

A la mañana siguiente, como todas las mañanas, Vala y Cala iban a salir a dar su paseo matutino. Cala sentía algo de vergüenza, ya que recordaba que le faltaban la mitad de sus manchas. Sin embargo, Vala, tratando de animar a su amiga, le dijo:

—¡Anímate, Cala! Es imposible que algo así vuelva a pasarte de nuevo. Además, ¡no estás tan mal!

Y así hicieron: caminaron, hablaron y pastaron. Y mientras Cala le contaba a Vala lo rico que estaban aquellos pastos, Vala se quedó boquiabierta.

—¡Oh, Dios mío! —gritó Vala—. ¡Cala! Pero... ¿Qué te ha pasado?

—¿A mí? —preguntó Cala con preocupación—. No sé. ¿Qué me ha pasado?

—¡Oh, Dios mío! —gritó de nuevo—. ¡Pero Cala!, ¿qué le ha pasado a tu hocico?

—¿A mi hocico?

En ese momento, Cala se agachó para volver a enrollar algo de pasto con su lengua. Sin embargo, en lugar de eso, lo que hizo fue picotear el suelo.

—¡¿Pero qué me pasa?! —exclamó Cala—. ¿Se puede saber por qué estoy picoteando el suelo?

—¡Oh, Dios mío, Cala! ¡Tienes un pico! ¡TE HA SALIDO UN PICO DE PATO EN LA CARA! —gritó Vala lentamente.

—¿Cómo dices?

Cala, incrédula, intentó de nuevo enrollar algo de pasto con su

lengua. Sin embargo, de nuevo picoteó el suelo... ¡Cala comía como un pato!

—¡Ay, Dios mío! ¡¿Pero qué tipo de vaca voy a ser con este pico?!
¡¿Cómo se supone que voy a comer a partir de ahora?! —exclamaba
Cala en alto con preocupación.

—Cala, no te preocupes —exponía su amiga—. Te tocará comer del

mismo modo que lo hacen el resto de los animales con pico. ¡Tampoco es para tanto! —dijo Vala, tratando de animar a su amiga.

—¿Perdona? —dijo Cala con sorpresa—. ¡Pero si tengo pico de pato y me faltan la mitad de las machas!

—¡Que no es para tanto! ¿Paseamos un poco más? —propuso Vala.

—No —dijo Cala con pesadez—. Creo que es momento de volver al establo. No quiero que me pasen más cosas raras.

A la mañana siguiente, como todas las mañanas, Vala y Cala iban a salir a dar su paseo matutino. Cala no tenía muy claro si quería salir, pues aún tenía su pico de pato y le faltaban la mitad de sus manchas. Sin embargo, Vala, tratando de animar a su amiga, le dijo:

—¡Anímate, Cala! Es imposible que algo así vuelva a pasarte, no una ni dos, sino tres veces. Además, ¡no estás tan mal!

Y así hicieron: caminaron, hablaron y pastaron. Y mientras Cala le contaba a Vala lo rico que estaban aquellos pastos, Vala se quedó boquiabierta.

—¡Oh, Dios mío! —gritó—. ¡Cala! Pero... ¿Qué te ha pasado?

—¿A mí? —preguntó Cala con mucha preocupación—. ¿Otra vez me ha pasado algo? ¡¿Qué me ha pasado ahora?!

—¡Oh, Dios mío! —gritó de nuevo—. ¡TE HAN SALIDO UN PAR ALAS DE PINGÜINO!

—¿Alas de pingüino? ¡¿Pero por qué?! —se preguntaba Cala.

En ese momento, Cala giró la cabeza para mirar a su espalda y vio que, efectivamente, allí tenía un par de alas de pingüino.

—¡Ay, Dios mío! —exclamó Cala—. ¿Pero qué tipo de vaca voy a ser sin manchas, con este pico de pato y estas alas de pingüino?

Vala, tratando de animar a su amiga le dijo:

—¡Cómo molan tus alas, Cala! ¡Venga! ¡Vamos a probarlas! ¡Súbete a esa piedra y salta!

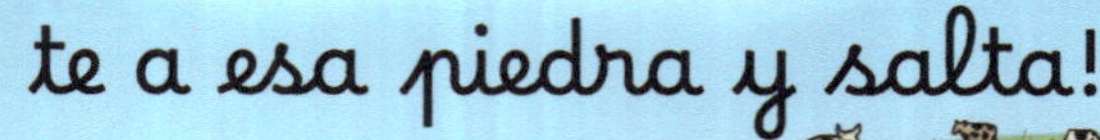

Cala no lo veía nada claro. Era capaz de aletear, pero las alas no parecían lo suficientemente grandes. Aun así, pensó: "Ya que tengo alas, habrá que probarlas ¿no?". De modo que se subió a lo alto de una piedra y gritó:

—¡Allá vooooooy! ¡Muuuu! —Y saltó lo más lejos y alto que pudo...

—¡Madre mía! —exclamó Vala—. ¡Vaya porrazo te has pegado, Cala! ¿Estás bien?

—¡Pues vaya alas que me han salido! —se quejó Cala—. Por mucho que las movía no he conseguido volar.

—Aun así, te han servido para frenar un poquito la caída, ¿no? —añadió Vala.

—¡Sí! ¡Me han frenado en seco! —respondió Cala sarcásticamente.

—Me alegro que estés bien, Cala. ¿Paseamos un poco más? —propuso Vala.

—No —dijo Cala—. Creo que es momento de volver al establo. No quiero que me salgan más cosas raras.

A la mañana siguiente, como todas las mañanas, Vala y Cala iban a salir a dar su paseo matutino. Cala tenía claro que no quería salir, pues seguía sin manchas, con su pico de pato y sus alas de pingüino. Sin embargo, Vala, tratando de animar nuevamente a su amiga, le dijo:

—¡Anímate, Cala! ¡Es imposible que algo así te pase más de tres veces! Además, ¡no estás tan mal!

Y así hicieron: caminaron, hablaron y pastaron. Y mientras Cala le contaba a Vala lo rico que estaban aquellos pastos, Vala se quedó boquiabierta.

—¡Oh, Dios mío! —gritó—. ¡Cala! Pero... ¿Qué te ha pasado?

—¡¡No!! —dijo Cala—. ¡¿Otra vez a mí?! ¿Se puede saber qué me ha pasado ahora? —dijo con resignación.

—¡Oh, Dios mío! —gritó de nuevo Vala—. ¡TE HA SALIDO UNA COLA DE PEZ EN EL TRASERO!

—¿Pero por qué? ¿Y para qué quiero yo ahora una cola de pez? —se preguntaba Cala.

En ese momento, Cala giró la cabeza para mirar su trasero y vio que, efectivamente, allí tenía una cola de pez.

—¡Ay, Dios mío! —exclamó Cala—. ¿Pero qué tipo de vaca voy a ser

sin manchas, con este pico de pato, estas alas de pingüino y esta cola de pez?

Vala, tratando de animar a su amiga, le dijo:

—¡Oye, Cala!, ya que tienes cola de pez, ¿tú crees que servirá para nadar? ¿Crees que funcionará mejor que tus alas? ¿La probamos?

Y así hicieron. Vala y Cala pasearon hasta llegar a un acantilado.

Allí, en el borde, Cala comprobó que todo funciona correctamente: abrió y cerró su pico, aleteó sus pequeñas alitas de pingüino y agitó su nueva cola de pez.

En ese momento, Cala se quedó pensativa, pues dudaba que aquello fuese una buena idea: "Esto no va a salir bien... Esto no va a salir bien...", se decía Cala así misma. Pero de repente escuchó la voz de su amiga:

—¡Ánimo, Cala! ¡Tú puedes! —exclamó Vala.

"¡Vámonos!", se dijo a sí misma. Cala cogió entonces carrerilla y, sin pensárselo dos veces, empezó a trotar hacia el borde. Corrió más y más rápido. A medida que corría, iba batiendo sus alas y agitando su colita. Cala iba a toda velocidad y, justo cuando estaba en el borde, saltó todo lo lejos que pudo y gritó:

—¡A VOLAAAAR!... ¡MUUUUUUU! ¡MUUUUUUU!

Mientras estaba en el aire, comprobó que sus alas se movían, pero, de nuevo, aquellas alas de pingüino no eran suficientemente grandes como para poder sujetar en el aire a aquella vaca. "¡Oh, oh!", pensó Cala.

Cala cayó entonces desde lo alto del acantilado sobre el agua y se pegó un cacharrazo enorme. ¡PLOF!

Cuando Cala salió a flote, dijo:

—¡A NADAR, COLITA! ¡MUUUU!

Pero por más que movía la colita, apenas conseguía avanzar. La cola era también demasiado pequeña y casi no podía mover a aquella vaca..., por lo que tardó un buen rato en llegar a la orilla.

Cuando Cala salió del agua, su amiga se preocupó por ella:

—¡Madre mía! —exclamó Vala—. ¡Vaya panzazo que te has pegado, Cala! ¿Estás bien?

—Sí —respondió Cala—. Aunque no he podido volar como un pájaro ni nadar como un pez.

—Me alegro que estés bien, Cala. ¿Paseamos un poco más? —propuso Vala.

—No —dijo Cala—. Volvamos pronto al establo, no sea que ocurra algo más.

A la mañana siguiente, como todas las mañanas, Vala y Cala iban a salir a dar su paseo matutino. Cala tenía clarísimo que no quería salir, pues aún le faltaban sus manchas, tenía su pico de pato, sus alas de pingüino y su cola de pez. Sin embargo, Vala, tratando de animar a su amiga, le dijo:

—¡Anímate, Cala! ¡Es imposible que algo así te ocurra más de…! —se quedó pensativa Vala—. Además, ¡No estás tan mal!

Y así hicieron: caminaron, hablaron y pastaron. Y mientras Cala le contaba a Vala lo rico que estaban aquellos pastos, Vala se quedó boquiabierta.

—¡Oh, Dios mío! —gritó—. ¡Cala! Pero… ¿Qué te ha pasado?

—¡Será posible! —dijo Cala—. ¿Otra vez a mí? A ver, venga. ¡Sor-préndeme! ¿Qué me ha pasado ahora? —dijo con resignación.

—¡Oh, Dios mío! —gritó de nuevo Vala—. ¡TE HAN SALIDO PIES DE PERSONA CON BOTAS!

—¡¿QUÉÉÉÉ?! —gritó Cala—. ¿Pero para qué quiero yo ahora unos pies con botas? —se preguntaba Cala.

En ese momento, Cala giró la cabeza hacia el suelo y vio que, efectivamente, allí tenía cuatro pies humanos con sus cuatro botas puestas.

—¡Ay, Dios mío! —exclamó Cala—. ¿Pero qué tipo de vaca voy a ser sin manchas, con este pico de pato, estas alas de pingüino, esta cola de pez y ahora estas botas?

—Pues, Cala, eres y seguirás siendo mi mejor amiga —afirmó Vala—. Si te das cuenta, Cala, puedes seguir comiendo hierba con tu pico de pato y hacer lo que hacen el resto de vacas. Además, tienes una cola de pez y unas alas de pingüino super chulas que te permiten hacer cosas que otras vacas no pueden ni imaginar, como saltar del acantilado y moverte por el mar sin hundirte. Y encima ahora tienes cuatro pies con botas que ya veremos para qué sirven.

—Hombre, visto así —dijo Cala, esbozando una sonrisa—. Ser una vaca diferente no está tan mal.

—¡Claro que no! —prosiguió Vala—. Y lo más importante es que seguiremos siendo ¡LAS MEJORES AMIGAS DEL MUNDO! —dijo Vala, gritando—. De modo que alegra esa cara y vámonos de vuelta al establo. A ver si acaba ya este día de una vez y mañana tengo yo algo de suerte y me sale algo raro a mí.

© Antonio Bayon Diaz (de la obra)

©Apuleyo Ediciones (de esta edición)

Primera edición en Apuleyo Ediciones: noviembre 2024

Diseño de cubierta: Ernesto Pérez Martínez

Corrección: Aitor Andreu Guerrero

Maquetación: Alejandro Bermejo Cercas

Ilustraciones: Cleiton Gomes

Coordinación editorial: Isidoro Cidre González

info@apuleyoediciones.com

www.apuleyoediciones.com

ISBN: 978-84-1060-345-5

Depósito legal: H 403-2024

Hecho e impreso en España.

VALA Y CALA

APULEYO EDICIONES   FOMENTO DE VALORES   CUENTOS ILUSTRADOS

Antonio Bayón Díaz

APULEYO EDICIONES   FOMENTO DE VALORES   CUENTOS ILUSTRADOS